Mi gran mudanza,
muy emocionante y un poco aterradora

Libro de ejercicios para niños que se mudan a un nuevo hogar

Escrito por
Lori Attanasio Woodring, Ph.D.
Traducido por Elisa Prada
Editado por Dana Gonzalez
Diseñado por Bobbie Miltcheva
Ilustrado por Timm Joy
¡y tú!

Mi gran mudanza, muy emocionante y un poco aterradora

Libro de ejercicios para niños que se mudan a un nuevo hogar

Recomendado para niños entre 5 y 10 años

Publicado por primera vez en 2013 por Child's View Press

ISBN-13: 978-0692507568
ISBN-10: 0692507566

Este libro está dedicado a mis padres, quienes me
enseñaron el significado de un hogar cariñoso,
a mi esposo quien se mudó 12 veces cuando era
niño, y a mis cuatro maravillosas hijas, quienes me
inspiraron a escribir este libro.

Tabla de contenido

Introducción

Mudarse es uno de los mayores factores de estrés en la vida. Si bien mudarse es extremadamente agitado y disruptivo para los padres, para los niños también es muy estresante. Los niños prosperan en la familiaridad y la rutina y mudarse a un nuevo hogar, no importa cuán cerca o lejos, puede ser muy inquietante. Este libro los guiará a usted y a su hijo a través de la experiencia y ayudará a su hijo a darle sentido a la mudanza en un ambiente seguro. A través de dibujos y actividades, los niños tendrán la oportunidad de tomar el control de sus sentimientos y experiencias y convertirse en participantes activos en esta nueva aventura.

En este libro usted encontrará herramientas para ayudar a su hijo a procesar la experiencia de mudarse, descubrir maneras significativas de decir adiós y mantenerse en contacto, involucrarse en el proceso de mudarse, ser proactivo en aprender acerca de su nuevo colegio y vecindario, y pensar en maneras de hacer nuevos amigos. Este libro expondrá a su hijo a varias estrategias para manejar las emociones; su hijo va a necesitar su ayuda para aprender y practicar estas estrategias.

La mayoría de los padres hacen todo lo posible para proteger a los niños y niñas de los factores de estrés asociados con mudarse y se centran sólo en los aspectos positivos. Sin embargo, los niños de todas las edades son capaces de tener una mezcla de emociones e incluso sentimientos fuertes acerca de mudarse. Puede que ellos elijan no compartir estas emociones si sienten que no deben hacerlo, pero los sentimientos no expresados pueden conducir a comportamientos no deseados, por ejemplo, portarse mal o retraerse en sí mismos. Es importante validar los sentimientos de su hijo y estar abierto a sus ideas. Si logra llevar a cabo las estrategias que su hijo identifica como útiles a lo largo de este libro, esto facilitará su transición y en última instancia la suya.

Es posible que esté indeciso acerca de reconocer todos los diferentes sentimientos ya que puede temer que su hijo se moleste más. Por el contrario, es importante ayudar a los niños a identificar sus sentimientos para que sean capaces de manejarlos. No es raro que los niños se sientan tristes, preocupados o enojados acerca de una próxima mudanza. Si su hijo no siente estas emociones, entonces preguntarle no va a crear esos sentimientos. Tal vez él/ella se sentirá de esa manera en algún momento en el futuro y, al completar el libro y hablar de maneras acerca de como manejar las emociones, le habrá brindado las herramientas necesarias para hacerlo. Enseñar a los niños a identificar y sobrellevar las emociones es una habilidad invaluable en la vida.

La intención de este libro es que los padres e hijos trabajen juntos para generar discusiones. Si su hijo prefiere trabajar solo, por favor asegúrese de revisar su trabajo y hacerle/responderle preguntas. Los ejercicios están diseñados para estimular conversaciones honestas y significativas en un marco positivo orientado a las soluciones. Sin embargo, lo más importante es que espero que este libro le permite a usted y a su hijo disfrutar de este emocionante nuevo capítulo.

UN MENSAJE PARA LOS NIÑOS:

Este es un libro sólo para ti. Pídele ayuda a tus padres, o trabaja en él tú solo. De cualquier manera, asegúrate de compartir tus pensamientos e ideas con tus padres para que sepan cómo te sientes y cómo pueden ayudarte.

Mudarse es un gran cambio y puede que tengas un montón de sentimientos diferentes o tal vez no estás seguro de cómo te sientes. Este libro te ayudará a entender y planificar la mudanza. Está lleno de actividades e ideas para hacer que mudarse sea más fácil y hay estrategias para ayudarte a manejar tus sentimientos. ¡Las estrategias que aprendes puedes usarlas en cualquier momento — no sólo cuando te mudes!

Recuerda, mudarse es una aventura nueva con muchas posibilidades emocionantes. ¡Puedes mantener todos tus viejos amigos y también hacer otros nuevos! Hay muchas maneras en que tú puedes "ayudar" con la mudanza y averiguar acerca de tu nuevo vecindario y colegio. Este libro te mostrará cómo.

A lo largo del libro se te pedirá dibujar o escribir sobre tus sentimientos, pensamientos e ideas. Recuerda, no hay forma CORRECTA O INCORRECTA de hacer esto. ¡Este libro es todo tuyo, así que diviértete!

¿En sus marcas? ¿Listos? Vamos...

Mudando la casa

1 MI FAMILIA Y YO

Este libro pertenece a

....

Este soy yo. Tengo .... años.

Esta es mi familia.

Hay .... personas en mi familia.

Tengo .... hermanos.

Tengo .... hermanas.

Tengo un .... de mascota que se llama ....

2 ENTENDER EL CAMBIO

Todas las cosas cambian. El cambio está en todas partes.

Las estaciones cambian. En primavera la plantas florecen. Algunos días el sol brilla y a veces llueve. En otoño las hojas se caen de los arboles. En invierno cae nieve del cielo.

El cambio es emocionante.

Las personas también cambian. Tú comenzaste como un bebé pequeñito. Creciste y aprendiste a hablar y caminar. Puede que hasta hayas aprendido a montar en bicicleta. Tu pelo crece y te lo cortan. Probablemente ya perdiste tu primer diente.

Vas a seguir creciendo y cambiando todos los días y todos los años.

TODAS LAS COSAS CAMBIAN. EL CAMBIO ES PARTE DE LA VIDA.

Cuando las personas se *mudan* ellas cambian el lugar donde viven.

Más de 40 millones de Estadounidenses se mudan cada año. Esas son MUCHAS personas. No estás solo.

Más de 6 millones de Estadounidenses se han mudado al exterior, o a otro país diferente al que vivían, para vivir en otra parte del mundo.

Las personas se mudan por muchas razones diferentes. Una razón es para que Mamá o Papá hagan un trabajo diferente o para estar más cerca del trabajo que ya tienen.

Algunas personas se mudan debido a un cambio en la familia como un divorcio, matrimonio, o un bebé nuevo. Algunas familia necesitan una casa más grande o más pequeña.

Otras personas se mudan a un lugar más cálido o para estar más cerca de la familia y los seres queridos.

Sin importar cuál sea la razón, las personas se mudan, mudarse significa un cambio para toda la familia.

Mudarse puede ser una aventura emocionante pero a veces puede que te sientas asustado o preocupado porque no sabes cómo va a ser tu nuevo hogar.

¿Cuál es la diferencia entre una casa y un hogar?

Casa

Hogar

"El hogar es donde está mi familia..."

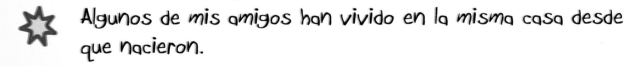

⭐ Algunos de mis amigos han vivido en la misma casa desde que nacieron.

⭐ Algunos de mis amigos se han mudado una vez o muchas veces en sus vidas.

Yo

- [ ] nunca me he mudado
- [ ] me he mudado una vez
- [ ] me he mudado dos veces
- [ ] me he mudado muchas veces

En estos momentos vivo en

- [ ] un apartamento
- [ ] un condominio
- [ ] una casa
- [ ] otro
- [ ] un piso

Este es un dibujo de donde vivo.

Mi dirección es ....

Estas son mis cosas favoritas del lugar donde vivo.
¡Encierra todas las quieras o agrega las tuyas propias!

Cada lugar nuevo es diferente y especial. También podrás hacer algunas de tus actividades favoritas en tu nuevo hogar y vecindario. Probablemente encontrarás nuevas actividades favoritas. Y en donde sea que te mudes harás nuevos amigos.

Mi nuevo hogar va a ser

☐ un apartamento   ☐ una casa   ☐ un piso

☐ un condominio   ☐ un castillo   ☐ otro/todavía no
estoy seguro

Así es como se ve mi nuevo hogar o ciudad.

Mi nueva dirección será ....

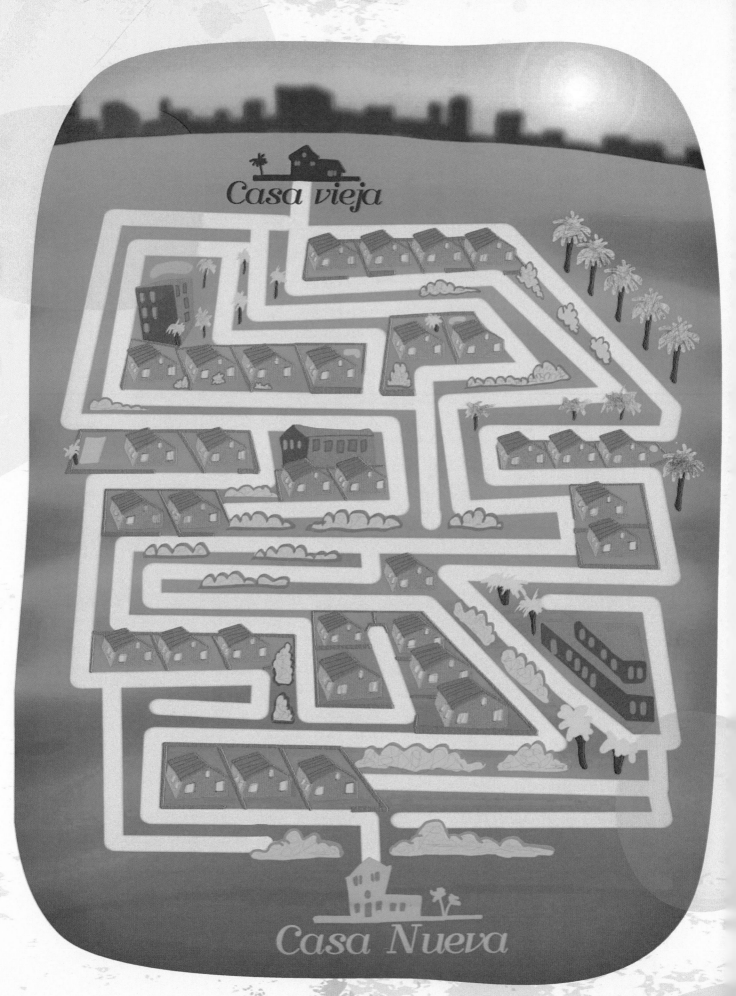

Así es como se ve en estos momentos mi habitación.

Así es como me gustaría que se viera mi habitación.

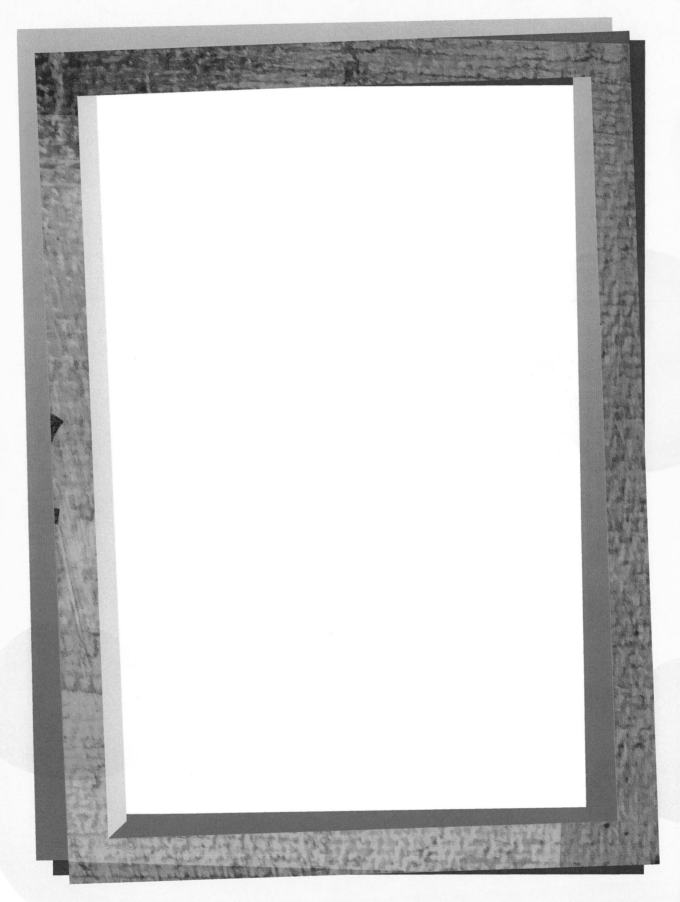

¿Cuáles son las diferencias entre tu habitación ahora y como quieres que se vea tu nueva habitación?

....
....
....

¿Puedes hacer que tu habitación se vea igual o casi igual?

....
....
....

¿Qué cambios te gustaría hacer en tu nueva habitación?

....
....
....

3 SENTIMIENTOS SOBRE MUDARSE

Es posible tener todo tipo de sentimientos acerca de mudarse.
Puedes estar triste y feliz o preocupado y emocionado todo al
mismo tiempo. Eso es normal. Todos los sentimientos están bien.

*Coloca una marca junto a los sentimientos que tienes acerca
de mudarte. Subraya aquellos sentimientos que son más fuertes.
Encierra cualquier palabra que no conozcas y pregúntale a un
adulto qué significa.

☐ Emoción	☐ Sorpresa	☐ Ansias
☐ Inseguridad	☐ Frustración	☐ Valentía
☐ Susto	☐ Alegría	☐ Rabia
☐ Nervios	☐ Soledad	☐ Miedo
☐ Preocupación	☐ Ignorado	☐ Amor
☐ Entusiasmo	☐ Confusión	☐ Decepción
☐ Molestia	☐ Tristeza	☐ Especial
☐ Felicidad	☐ Aventura	☐ Estrés

Las personas pueden sentir todo tipo de sentimientos. Los sentimientos vienen de nuestro cuerpo.

Usa la tabla de colores para colorear a la persona que está abajo y mostrar los lugares donde sientes cada sentimiento.

Felicidad = Amarillo

Enojo o rabia = Rojo

Tristeza = Azul

Miedo = Negro

Preocupación o nervios = Naranja

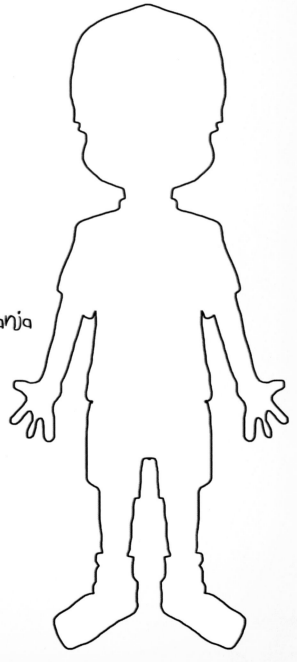

Hay cosas tanto tristes como felices sobre mudarse.
Haz una lista de las cosas tristes y alegres acerca de tu mudanza.

* Recuerda, ¡mudarse es la oportunidad de un nuevo comienzo!

COSAS TRISTES

(ejemplos)

Voy a extrañar ver a mis vecinos
todos los días

Voy a extrañar mi casa vieja

COSAS ALEGRES

(ejemplos)

Voy a tener un patio trasero
agradable

Puedo ir al colegio caminando

1. ....

2. ....

3. ....

4. ....

5. ....

1. ....

2. ....

3. ....

4. ....

5. ....

Escribe el nombre o dibuja una cara de los sentimientos que tienes acerca de mudarte y di por qué te sientes así.

Me siento   emocionado   porque nos vamos a una casa nueva.

Me siento   preocupado   porque necesito cambiar de colegio.

Me siento .... porque ....

Me siento .... porque ....

Me siento .... porque ....

* Ahora mira si puedes usar una afirmación de "Me siento" para decirle a un adulto como te sientes.

4 CUANDO ESTÁS TRISTE

Cuando las personas se mudan ellas necesitan decir adiós. Puede ser triste decir adiós. **Dibuja una imagen de cómo te ves cuando te sientes triste.**

Está bien sentirse triste y llorar. Llorar ayuda a las personas a sentirse mejor.

Dibuja o escribe qué haces cuando te sientes triste.

Aquí hay algunas <u>estrategias</u>, o cosas que puedes hacer cuando te sientes triste...

1. Habla con tu mamá, papá, u otro adulto.
2. Escribe en un diario.
3. Haz un dibujo.
4. Sal a caminar, montar en bicicleta o patinar.
5. Escucha música.
6. Lee un libro.
7. Juega a algo.
8. Adivina un acertijo.
9. Piensa en un chiste.
10. Abraza un animal de peluche.
11. Piensa en las cosas que han salido bien hoy.
12. Haz un proyecto de manualidades o crea algo.
13. Súbete a un columpio o mécete en una mecedora.
14. Acuéstate en la cama, relájate, y respira hondo.

RESPIRAR HONDO...

es una gran manera de relajarse y sentir calma cuando estás molesto, enojado, o preocupado. Puedes hacerlo en cualquier lugar y en cualquier momento y nadie tiene que saberlo. ¡Eso la hace la mejor estrategia secreta!

Como hacerlo:

1. Acuéstate boca arriba. Cierra los ojos. Coloca las manos en tu barriga.
2. Cierra la boca y aspira aire por la nariz mientras cuentas lentamente hasta 5.
   * Imagina que estás inflando un globo en tu barriga por lo que tu barriga se crece cuando aspiras aire.
3. Mantén el aire por 3 segundos y luego déjalo salir lentamente a través de tu boca.
   * Imagina que estás desinflando un globo.
4. Ahora repítelo 5 veces hasta que te calmes. Tomará algo de practica al principio pero una vez lo domines serás capaz de hacerlo en cualquier lugar. . . en cualquier momento. ¡Sin necesidad de acostarte!

Por qué funciona:

Cuando te sientes triste o molesto tu respiración puede volverse más rápida y puedes sentirte tenso en la cara y el cuerpo. Respirar hondo relaja tu cuerpo y saca de tu cabeza lo que te está molestando.

Mi "Bolsa de estrategias para la tristeza"

Escribe las 3 estrategias que vas a probar la próxima vez que te sientas triste por mudarte.

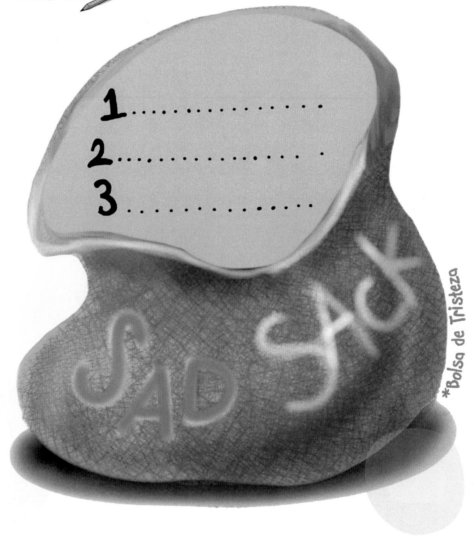

1. . . . .
2. . . . .
3. . . . .

*Bolsa de Tristeza

También puedes escribir tus estrategias favoritas en un pedazo de papel y meterlas en una bolsa. La próxima vez que te sientas triste, saca un pedazo de papel y ¡estarás en camino de sentirte mejor!

5 CUANDO ESTÁS ENOJADO

Puede que te sientas enojado o furioso de que necesites mudarte a un lugar nuevo. **Dibuja como te ves cuando te sientes enojado.**

Está bien sentirse enojado. Lo importante es lo que haces con tu rabia. No está bien lastimar a una persona o cosa.

Dibuja o escribe qué haces cuando te sientes enojado o furioso.

Algunas veces cuando te sientes realmente enojado con todo tu cuerpo puede que necesites hacer algo activo para sentirte mejor.

1. Sal y haz algo (montar en bicicleta, saltar la cuerda, patinar, usar el saltador, jugar fútbol, básquetbol o béisbol, etc.).

2. Sal a caminar o a correr.

3. Has saltos de tijeras o flexiones de pecho.

4. Pisotea una caja vacía.

5. Dale puños a tu almohada.

6. Canta o baila.

Otras cosas que puedes hacer cuando te sientes enojado son...

1. Dibuja una imagen que muestre rabia.

2. Escribe una nota acerca de lo que te está haciendo sentir enojado y arrúgala.

3. ¡Encógelo! Dibuja una imagen de lo que te hace sentir enojado en un papel o en tu mente. Luego dibuja una imagen más y más pequeña de lo mismo. O, imagina que la imagen se va encogiendo hasta volverse cada vez más y más pequeña.

4. Y no olvides la mejor estrategia secreta... respirar hondo.

Mi "Bolsa de estrategias para la rabia"

Escribe las 3 estrategias que vas a probar la próxima vez que te sientas enojado por mudarte.

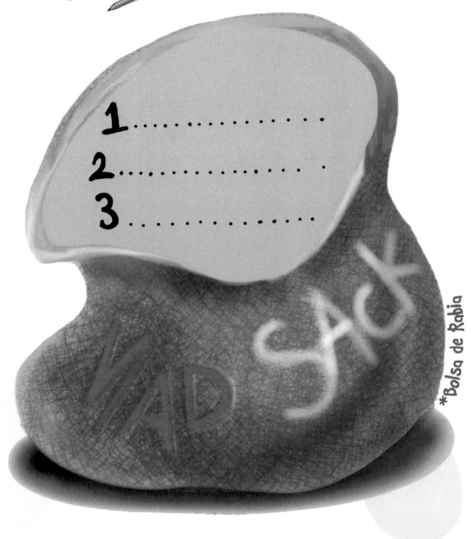

1. . . . .
2. . . . .
3. . . . .

*Bolsa de Rabia

También puedes escribir tus estrategias favoritas en un pedazo de papel y meterlas en una bolsa. La próxima vez que te sientas enojado, saca un pedazo de papel y ¡estarás en camino de sentirte mejor!

6 CUANDO ESTÁS PREOCUPADO

Una preocupación es un pensamiento que te hace sentir molestias. También puedes sentir preocupación en el cuerpo. Puede que te duela la cabeza, o sientas una sensación extraña en tu estomago, tus manos tal vez suden, y tu corazón late muy rápido.

Nervioso, estresado y ansioso son otras palabras para preocupado. Las personas a veces se sienten así en situaciones nuevas — como al mudarse.

Dibuja cómo te ves cuando estás preocupado.

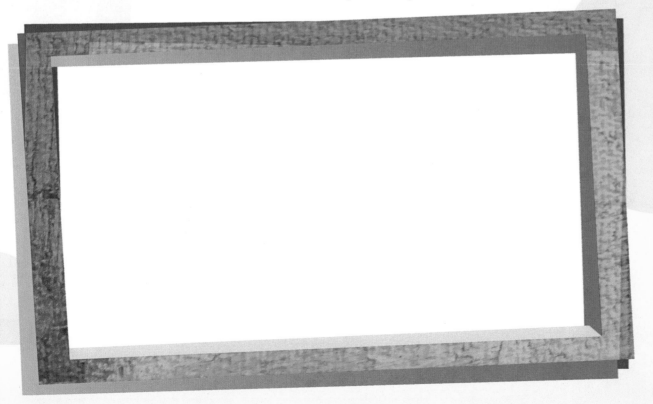

Dibuja o escribe lo que haces cuando te sientes preocupado.

AQUÍ HAY OTRAS
COSAS QUE PUEDES
HACER CUANDO ESTÁS
PREOCUPADO.

1. Acuéstate en la cama y concéntrate en endurecer una parte de tu cuerpo a la vez y luego relajarla. Primero comienza con los dedos, luego las piernas, después la barriga, y ve subiendo hasta los brazos, las manos y la cara. Endurece y cuenta hasta 10 y luego relájate.

2. Haz ejercicio (caminar, correr, montar en bicicleta o estiramientos).

3. Escucha música, canta o baila.

4. Imagínate a ti mismo en tu lugar favorito en el mundo o en el lugar donde te sientes más seguro, feliz y tranquilo. Piensa en todos los detalles de tu lugar feliz... cómo se siente y huele... qué ves y oyes. Cuando tienes tu lugar en mente puedes "ir" allí cuando te sientas preocupado.

5. Imagínate la historia o el momento más divertido en que puedas pensar... ¡y ríete!

6. Date a ti mismo un "abrazo mariposa". Los abrazos mariposa pueden calmarte y relajarte. Para hacerlo, cruza los brazos sobre el pecho, como si estuvieras sosteniéndote a ti mismo, con la mano derecha apoyada en tu brazo izquierdo y la mano izquierda en tu brazo derecho. Entonces, mientras piensas acerca de lo que te preocupa, da una palmadita con una mano y luego con la otra, una y otra vez, izquierda, derecha, izquierda, derecha. Puedes hacerlo rápido o despacio, como quieras. Da palmaditas por un rato, respira profundo, y mira si te sientes mejor. Si no, vuelve a intentarlo.

7. Toma un baño o una ducha.

8. Habla con alguien.

9. Escribe en tu diario o haz un dibujo.

10. Haz un "muñeco de preocupación" para contarle tus preocupaciones ¡y que el muñeco se quede con las preocupaciones y no tú! (Ver la página 34)

11. Escribe todas tus preocupaciones en un pedazo de papel y colócalo en un sobre. Sella el sobre y decide no pensar en las preocupaciones hasta que lo abras. Establece un momento con un adulto para abrir el sobre y hablar acerca de tus preocupaciones. ¿No eres capaz de escribirlas? Imagínate poniendo cada preocupación, una a la vez, en una pequeña caja y sellándola muy bien.

12. Usa palabras tranquilizantes. Piensa en algo que puedas decirte a ti mismo una y otra vez para hacerte sentir menos preocupado como: "Va a estar bien." "Sé que puedo hacerlo." "Yo soy bueno para hacer amigos." Trata de imaginar una frase que funcione para ti.

13. Y por supuesto... respira hondo.

Cómo hacer un muñeco de preocupación

1. Busca una pinza de ropa de madera.

2. Reúne algunos retazos de tela, lana, cuerda, limpiadores para pipas, palos, papel, marcadores, perlas, pegatinas, y cualquier otra decoración que quieras utilizar.

3. Utiliza la pinza para el cuerpo del muñeco.

4. Envuelve la tela o lana alrededor del cuerpo para la ropa.

5. Crea brazos con limpiadores para pipas, papel aluminio enrollado, palos, o tela. Vas a necesitar pegamento fuerte para pegarlos así que puede que necesites la ayuda de un adulto.

6. Usa un poco de lana o cuerda para el pelo del muñeco. Pégaselo.

7. Haz tantos como quieras.

8. Encuentra una cajita para decorar y coloca tus muñecos de preocupación en tu caja de preocupación.

9. Por último, susurra tus preocupaciones a tus muñecos de preocupación ¡y ellos las cargaran por ti para que tú no tengas que hacerlo!

O...

Otra opción sencilla es hacer "piedras de preocupación". Reúne algunas rocas o piedras especiales de afuera de la casa, coloréalas o decóralas si quieres, y úsalas como "piedras de preocupación". ¡Busca una caja o bolsa en donde guardarlas!

Mi "Bolsa de estrategias para la preocupación"

Escribe las 3 estrategias que vas a probar la próxima vez que te sientas preocupado por mudarte.

1 . . . .

2 . . . .

3 . . . .

WORRY SACK

*Bolsa de Preocupación

También puedes escribir tus estrategias favoritas en un pedazo de papel y meterlas en una bolsa. La próxima vez que te sientas preocupado, saca un pedazo de papel y ¡estarás en camino de sentirte mejor!

SOPA DE LETRAS DE ESTRATEGIAS

```
c  l  a  i  m  a  g  i  n  a  r  r
r  s  p  s  v  l  e  e  r  i  s  e
e  j  e  r  c  i  c  i  o  o  o  l
a  o  k  d  a  f  u  j  p  j  f  a
r  p  r  l  n  j  b  w  s  u  p  j
h  f  e  s  t  r  a  t  e  g  i  a
a  r  s  o  a  p  i  u  u  a  z  r
b  t  p  p  r  s  l  n  l  r  j  s
l  d  i  b  u  j  a  r  k  l  r  e
a  m  r  w  k  c  r  e  a  r  e  n
r  l  a  i  e  s  c  r  i  b  i  r
a  b  r  a  z  o  y  l  d  p  r  m
```

estrategia   ejercicio   abrazo   hablar   reír

imaginar   respirar   bailar   jugar   crear

escribir   relajarse   dibujar   cantar   leer

CONTRATO

Yo (nombre) .... prometo que cuando me sienta triste, enojado o preocupado acerca de mudarme voy a utilizar mis 3 estrategias favoritas de mi "Bolsa de Estrategias" para ayudarme a sentirme mejor.

Sinceramente,

....

Firma

....

Fecha

7 DECIR ADIÓS

Cuando te mudas puede ya que no vivas cerca de los mismos amigos y familiares. Vas a extrañar a estas personas pero hay muchas formas de mantenerse cerca.

Dibuja o haz una lista de las personas a quienes quieres mantener cerca después de mudarte.

Dibuja o haz una lista de los lugares que quieres recordar cuando te mudes.

Junto con tu familia escribe una lista de todas las personas y lugares que quieres visitar antes de mudarte. También haz una lista de todos los lugares que quieres ver y explorar en tu nuevo vecindario.

Estas son algunas formas en las que puedes decir adiós a tu hogar y a tus amigos y prepararte para la mudanza. **Selecciona las ideas que crees que vas a intentar.**

1. Toma fotos de tu casa y de tu habitación.

2. Toma fotos de cada uno de tus amigos.

3. Toma fotos de tu colegio y tus lugares favoritos.

4. Haz que tus amigos firmen un libro, una funda de almohada, o una camiseta para que guardes. Si juegas algún deporte haz que firmen una pelota, la camiseta de un equipo, un bate o palo de hockey, etc.

5. Haz un video de tu casa, colegio, y vecindario viejo o cualquiera de los lugares que te gustaría recordar.

6. Haz un video de cada uno de tus amigos diciendo un mensaje especial de despedida. ¡Haz también un video con mensajes para cada uno de ellos!

7. Haz una tarjeta o dale un regalo a un amigo, profesor, o vecino especial. Escribe los números de teléfono, las direcciones y los correos electrónicos de tus amigos.

8. Haz una tarjeta con tu nueva dirección y número telefónico y dásela a tus amigos.

9. No olvides hacer una celebración o fiesta de despedida. Toma fotos o videos.

Haz una lista de tus propias ideas de cómo decir adiós.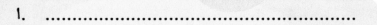

1. ....

2. ....

3. ....

4. ....

Haz una lista de las formas en que puedes mantenerte cerca de tu familia y amigos.

1. ....

2. ....

3. ....

4. ....

Une con una línea cada pensamiento con las ideas que puedan ayudarte a sentirte mejor y recordar tus amigos y lugares favoritos.

Deseo poder ver a mi familia y amigos.

Haz un dibujo
Escribe una carta.
Escribe un correo electrónico.

Me siento triste porque extraño a mis viejos amigos.

Envía una foto.
Envía un mensaje de texto.
Llámalos por teléfono.

Quiero recordar las caras, lugares y experiencias especiales de mi viejo hogar.

Haz una video-llamada
(Skype o Face Time.)
Pídele a tus padres planear una visita.

Apuesto que mis viejos amigos se están preguntando como me va.

Haz un álbum de fotos.
Haz un álbum de recortes con notas, fotos y dibujos de tus amigos.
Crea una caja de recuerdos.

Cómo hacer una caja de recuerdos

1. Encuentra una caja. Puede ser de plástico, cartón, metal, o madera. Una caja de zapatos funciona bien.
2. Decora la caja con marcadores, pintura, pegatinas, papel de regalo, papel periódico que puedas colorear, historietas, o cualquier cosa que te guste.
3. Coloca tu nombre en la caja o etiqueta la caja con una nota personal. Puedes incluso escribir tu dirección.
4. Recolecta cualquier elemento que quieras guardar como un recuerdo de tu hogar actual.

IDEAS

boletos
un brazalete de amistad
tarjetas, cartas, o notas
fotos de amigos
una foto de tu casa y habitación
una foto de tu lugar favorito en la ciudad
una piedra del jardín o una concha de la playa
una tarjeta de tu tienda o restaurante favorito
agrega una pequeña parte de algo que no puedas llevarte como la campana de tu bicicleta vieja o el letrero de tu casa del árbol

* agrega cualquier cosa, tesoro o recuerdo que sea especial para ti y te haga recordar tu vieja casa

8 UNA NUEVA AVENTURA

Hay muchos cambios maravillosos y emocionantes que vienen con la mudanza. **Dibuja o escribe lo más emocionante de mudarse.**

Incluso antes de esta mudanza, tú probablemente has hecho otras "mudanzas" en tu vida.

Puede que hayas cambiado de colegio, de tu guardería a un colegio más grande. Cada año probablemente te mudas a un nuevo salón de clases con un profesor nuevo. Tal vez cambiaste de actividades después de clase o te cambiaste de un equipo de futbol a otro. ¡Puede que hasta te hayas mudado de habitación en tu propia casa!

Las mudanzas, las transiciones y los cambios son una parte normal de la vida. Cada cambio trae una posibilidad emocionante. Mudarse es como empezar de nuevo. Es como presionar un botón de reinicio en un juego o tener la oportunidad de "hacerlo otra vez". Abre nuevas posibilidades y resultados.

Puedes pensar en algo que quizás quieras "hacer otra vez" como intentar entrar a un equipo, cambiar tu apodo, comenzar un nuevo pasatiempo...

Yo quiero...

Cuando tu familia se está preparando para mudarse, Mamá y Papá puede que también estén muy ocupados o estresados por mudarse. Ellos tendrán muchas cosas que hacer. Mudarse es trabajo duro.

Mamá y Papá se sentirán cansados. Esto no significa que no van a tener tiempo de hablar contigo acerca de tus sentimientos. Ellos están haciendo todo lo posible para que la mudanza se lleve a cabo sin problemas y que sea más fácil para ti. Puede que sea una ayuda involucrarse en la mudanza.

Dibuja y escribe formas en que puedes involucrarte en la mudanza. Por ejemplo, escoge el color de tu nueva habitación, ayuda a limpiar y organizar tus propios juguetes, empaca tus pertenencias especiales...

IDEA

Escríbete a ti mismo una nota acerca de todas las cosas emocionantes que quieres hacer en tu nuevo hogar y ciudad. ¡Empácala en una de las cajas y ábrela cuando llegues!

Dentro de esta maleta dibuja o escribe los nombres de todas las cosas que quisieras llevar contigo a tu nuevo hogar.

El día de la mudanza será muy agitado y habrá muchas personas y cajas por todas partes. Es buena idea empacar tu propia caja o maleta especial para llevar contigo durante la mudanza. Puedes llenarla de tus juguetes favoritos, animales de peluche, libros, juegos o cualquier otra cosa que quieras tener contigo todo el tiempo.

Dibuja o haz una lista de las cosas que quieres llevar contigo el día de la mudanza.

Puede que tengas muchas preguntas acerca de la mudanza ¿puedes escribir tantas preguntas como se te ocurran?

¿_____?

¿_____?

¿_____?

¿_____?

¿_____?

¿_____?

¿_____?

¿_____?

Imagina que eres un detective y necesitas encontrar las respuestas a todas tus preguntas. **¿Dónde buscarías? ¿Qué harías? ¿Cómo puedes encontrar las respuestas?**

1. ....

2. ....

3. ....

4. ....

5. ....

6. ....

7. ....

8. ....

IDEAS

Pregúntale a uno de tus padres o a un familiar.
Pregúntale a un amigo que se haya mudado.
Busca en un libro o mira en internet.
* ¡Asegúrate de preguntarle a tu mamá y papá si la información que encontraste es correcta!

9 MI NUEVO COLEGIO Y VECINDARIO

El nombre de mi nuevo colegio es ....

Voy a estar en .... grado .

¿Puedes averiguar el nombre del rector?

¿Puedes averiguar el nombre de los profesores de tu grado?

Entre más puedas averiguar acerca de tu nuevo colegio más cómodo vas a estar en tu primer día. Aquí hay algunas formas en que puedes aprender más sobre tu colegio. **Marca las ideas que vas a intentar.**

- [ ] 1. Visita tu colegio nuevo.
- [ ] 2. Haz una cita con el rector para hacer un tour del colegio.
- [ ] 3. Haz que tus padres tomen fotos del los edificios y salones en el colegio si no puedes ir tú mismo.
- [ ] 4. Revisa el sitio web del colegio para obtener información acerca del colegio y los profesores.
- [ ] 5. Escribe una carta a tu profesora si sabes su nombre.
- [ ] 6. Llama o escribe al colegio y pregunta por una "familia amiga" o un "amigo por correspondencia" en tu curso con quien te puedas comunicar antes de mudarte.
- [ ] 7. Mira si hay algún otro estudiante en el colegio al que puedas llamar.
- [ ] 8. Averigua acerca de cualquier club o actividad antes o después de clases al que quisieras unirte.
- [ ] 9. Pídele a tus padres que contacten la Asociación de Padres del colegio para averiguar formas de unirse a la comunidad escolar.
- [ ] 10. Si te mudas en el verano, asiste a un campamento local para conocer a los niños del vecindario.

Mi nuevo vecindario

Me voy a mudar a ....

Lo que ya sé sobre mi nuevo vecindario...

1. ....

2. ....

3. ....

Lo que quiero saber de mi nuevo vecindario...

1. ....

2. ....

3. ....

¿Cómo puedo encontrar la información? Organiza las letras para descubrir algunas ideas.

1. Preguntarle a mis _ _ _ _ _ _ (dreaps).

2. Buscar en _ _ _ _ _ _ _ _ (terniten).

3. Buscar en la _ _ _ _ _ _ _ _ _ _ (tebliiboac) local libros sobre mi nueva ciudad o libros de viaje (si te vas a mudar a una gran ciudad).

4. Ponerse en contacto con la Cámara de Comercio de tu nueva

5. _ _ _ _ _ _ (ucadid) o pueblo y pedir información sobre cosas para ver y hacer.

6. Hacer una _ _ _ _ _ _ (isavit) si es posible.

7. Ver si puedes hacer que alguien tome _ _ _ _ _ _ _ _ _ _ _ _ (togriafaofs) de tu nuevo hogar y vecindario para que puedas imaginar a dónde te vas a mudar.

8. Conseguir un _ _ _ _ (pama) de tu nueva _ _ _ _ _ _ _ (udicad).

RESPUESTAS:

1. padres, 2. internet,
3. biblioteca, 4. ciudad,
5. visita, 6. fotografías,
7. mapa, ciudad

10 CÓMO HACER NUEVOS AMIGOS

1. Camina por el vecindario con un adulto y preséntate con los niños que encuentres.

2. Pregunta por una "familia amiga" en tu colegio y reúnete con ellos cuando te mudes. Tal vez ellos también puedan presentarte a otros amigos.

3. Únete a un equipo deportivo, orquesta o banda, o al coro del vecindario o del colegio.

4. Únete a clubes escolares o comunitarios como el club de teatro, de ajedrez, etc.

5. Invita nuevos amigos a jugar — la mejor forma de hacer nuevos amigos es pasar tiempo juntos. Tus padres pueden ayudarte a organizar tardes de juego.

6. Pídele a tus padres que realicen una fiesta de "bienvenida" al vecindario.

7. Haz galletas o dulces y entrégalos a tus nuevos vecinos.

8. Participa de grupos religiosos o comunitarios.

9. Arma un puesto de limonada en tu cuadra.

10. Esfuérzate por ser amigable. Saluda a personas nuevas y pregúntales si quieren unirse a tus actividades ¡o pregúntales si te puedes unir a ellos!

Dibuja o escribe como conociste a algunos de tus amigos favoritos
¿puedes conocer amigos de la misma manera?

Dibuja una actividad que quisieras hacer con tus nuevos amigos.

11 LO QUE SÉ ACERCA DE MUDARSE

Ahora sé que...

1. ....

2. ....

3. ....

4. ....

5. ....

6. ....

7. ....

8. ....

Verdadero o falso

Responde con "V" para verdadero o "F" para falso.

1. .... Todas las cosas cambian. El cambio es una parte normal de la vida.

2. .... La mayoría de los niños tienen todo tipo de sentimientos acerca de mudarse, algunos buenos, algunos malos.

3. .... No debo decirle a mis padres si me siento molesto o preocupado o ellos pueden sentirse mal.

4. .... No debo enojarme. Es un sentimiento malo.

5. .... No hay nada que pueda hacer para dejar de preocuparme.

6. .... Cuando me siento triste puedo hacer un dibujo o escribir en un diario.

7. .... Puedo respirar hondo en cualquier parte en cualquier momento para relajarme.

8. .... Solo puedo sentir preocupación en mi cabeza, no en todo el cuerpo.

9. .... "Soy bueno para conocer a personas nuevas" es un ejemplo de   cómo usar palabras calmantes.

10. .... Algunas cosas divertidas para decir adiós incluyen hacer una caja de recuerdos, tomar fotos de mis personas y lugares favoritos, y hacer una fiesta de despedida.

11. .... Hay muchas formas en que puedo mantenerme en contacto con mis amigos.

12. .... Es buena idea empacar mi propia maleta o caja especial el día de la mudanza para llevar conmigo cosas importantes.

13. .... Si tengo cualquier pregunta al respecto de la mudanza o mi nuevo hogar o vecindario debo preguntarle a un adulto.

14. .... Si quiero aprender sobre mi nuevo colegio puedo revisar el sitio web, llamar al rector, hacer una visita, o preguntar por una "familia amiga".

15. .... ¡Voy a hacer amigos dondequiera que vaya!

RESPUESTAS:

1. Verdadero, 2. Verdadero, 3. Falso, 4. Falso, 5. Falso, 6. Verdadero, 7. Verdadero, 8. Falso, 9. Falso, 10. Verdadero, 11. Verdadero, 12. Verdadero, 14. Verdadero, 15. Verdadero.

CERTIFICADO DE FINALIZACIÓN

¡FELICITACIONES!

Ahora entiendes que todas las cosas cambian y que el cambio puede ser realmente emocionante. Has explorado tus sentimientos acerca de mudarte y has aprendido algunas estrategias importantes para ayudarte cuando te sientes triste, enojado, o preocupado. ¡Estás listo para comenzar una nueva aventura y tener todas las herramientas para hacer que sea exitosa!

Este premio es para

....
(Nombre)

Por completar este libro de ejercicios el

....
(Fecha)

BIEN HECHO

Nos vemos pronto

Recuerda... No importa dónde vivas o qué tan diferente pueda llegar a ser tu vida, ¡tu familia siempre te amará!

Mis pensamientos, ideas o dibujos especiales

(¡Siéntete libre de escribir o dibujar cualquier cosa!)

Made in the USA
Las Vegas, NV
23 May 2024

90286658R00043

¿Quieres hacer uno de los eventos más estresantes en la vida para los niños un poco menos agitado y un poco más emocionante? **Mi gran mudanza, muy emocionante y un poco aterradora** guía a los niños y niñas, que se mudan, desde la preocupación hasta el asombro y desde el miedo hasta nuevos amigos.

Este libro de ejercicios único acompaña a niños de 5 a 11 años paso por paso a lo largo del proceso completo de la mudanza, incluyendo entender el cambio, estrategias para manejar las emociones, formas de decir adiós, participar de una nueva aventura, consejos para hacer nuevos amigos y más.

Las encantadoras ilustraciones y actividades interactivas le permiten a los niños tomar el control de sus sentimientos y experiencias y convertirse en participantes activos en una nueva y emocionante aventura.

De los expertos

"Estaba muy emocionado pero un poco nervioso de mudarme a mi nueva casa porque tenía que acostumbrarme a otra casa. Mi actividad favorita en el libro fue hacer el muñeco de preocupación. Tenía el muñeco de preocupación para ayudarme a dormir."
Sam, 8 años, Connecticut

"Mudarse puede ser una buena forma de conocer nuevos amigos pero siempre es difícil dejar atrás los amigos que ya tienes. Este libro de ejercicios tiene unas actividades muy divertidas, laberintos y acertijos que te ayudan a no pensar en el estrés de la mudanza."
Dean, 10 años, Connecticut

"Este libro de ejercicios fue maravilloso y me ayudó a pensar y hacer una lista de todas las aventuras nuevas que me esperan y también me ayudó a recordar todas las cosas buena que voy a extrañar — como mis vecinos y amigos cercanos."
Ella, 10 años, Australia

"Mi parte favorita fueron todas las cosas que se pueden hacer cuando me siento enojada o triste acerca de mudarme. También me encantó la caja de recuerdos. La voy a guardar siempre."
Chloe, 6 años, Singapur

"¡¡Me encantó este libro!! Amo a mis [nuevos] amigos y vecinos y tu libro me hizo darme cuenta que mudarse no es tan malo. . . ¡de hecho, es genial! P.S. Aprendí muchas cosas nuevas."
Sophie, 10 años, Nueva York

Sobre la autora

La Dra. Lori Attanasio Woodring recibió su Licenciatura de la Universidad de Cornell y su PhD de la Universidad de Fordham. Ella es una psicóloga licenciada en Nueva York y Connecticut y trabajó como Profesora Adjunta en la Escuela de Postgrado de la Universidad de Fordham. La Dra. Woodring ha trabajado con niños y padres en contextos escolares, hospitalarios y privados. Su investigación con niños y familias ha sido presentada en conferencias nacionales e internacionales. Para más información por favor visite

www.drloriwoodring.com

Mudando la casa

ISBN 9780692507568

90000

9 780692 507568